...die à mon ami Clovis GUILLAUME

MON VOYAGE AU TONKIN

A bord du Vaisseau le COMORIN

PAR

ABEL BRION

SOUS-OFFICIER D'INFANTERIE DE MARINE

PROPRIÉTÉ DE L'AUTEUR

(Reproduction interdite)

1892

MON VOYAGE AU TONKIN

A bord du Vaisseau le Comorin

PAR

ABEL BRION

SOUS-OFFICIER D'INFANTERIE DE MARINE

PROPRIÉTÉ DE L'AUTEUR

(Reproduction interdite)

—

1892

DÉDICACE

—

Bien loin de ton foyer et sous un toit de chaume
Jusqu'au sein du Tonkin, j'aime ton souvenir ;
Reçois ces quelques vers, mon cher ami Guillaume,
Que mon cœur te dédie avec tant de plaisir.

MON VOYAGE AU TONKIN

A bord du Vaisseau "le Comorin"

DÉPART DE TOULON.

Enfant de la Champagne et pour ce seul motif,
Éloigné de la mer et du moindre récif,
J'étais loin de savoir qu'un jour sur l'eau profonde,
Je devrais naviguer à travers l'ancien monde ;
Mais le sort décida que je serais « marsouin »,
Et que par conséquent, j'irais bien loin ! bien loin !
Un matin de janvier je pris donc ma musette,
Et quittant bravement mes parents, ma chambrette,
Je partis pour Cherbourg où, dans mon régiment,
On m'apprit à porter le sac et l'armement.
Après vingt mois passés comme en apprentissage,
Dans ce nouveau logis, sur le bord du rivage,
Je vivais tout tranquille et de mon sort content,
Car j'avais sur mes bras les galons de sergent.
Mais un jour on m'apprit que loin de ma patrie,
Il me fallait aller dans une colonie,
Et remplacer là-bas, ceux qu'un fatal destin
Avait mis pour garder les brigands du Tonkin.
Plein d'un juste respect, aimant comme une fille,
Je courus aussitôt embrasser ma famille,
Et quelques jours après, dans le train de Paris,
Notre détachement filait sans plus d'avis.
Mes yeux voyaient s'enfuir tous ces beaux paysages,

Ces jolis champs dorés, tous ces gras paturages,
Qui réveillent le cœur du tranquille normand,
Et pourtant je partais l'œil sec, indifférent.
A peine dans Paris, la ligne de Marseille
Devait à mes regards offrir d'autres merveilles ;
Je vis ainsi que Lyon, Dijon, Sens et Mâcon,
Et dès le lendemain nous étions à Toulon.
Parmi tous ces pays dont la France s'honore,
Cette riche Bourgogne au bon vin qu'on adore,
Aurait dû un moment, par d'autres souvenirs,
Eveiller dans mon cœur le regret de partir ;
Mais pour ce seul motif que je voyais la France,
J'oubliais de penser à la grande souffrance
D'avoir à la quitter, et sous très peu de jours,
Pour un assez long temps, peut-être pour toujours.

. . . .

C'était je m'en souviens, une belle journée,
Un des jours les plus doux, les plus clairs de l'année.
Nous étions sur deux rangs et le détachement
Procéda sans retard à son embarquement.
A l'appel de son nom, vite, chacun s'apprête,
Et de la passerelle escalade le faîte ;
Puis bientôt disparaît dans les flancs du vaisseau,
Qui nous engloutit tous comme un vivant tombeau.
Tel, aux temps reculés, on voyait sur la voie,
Un cheval monstrueux, devant les murs de Troie,
Où les Grecs enfermés, attendaient le moment
Pour entrer dans ces murs et piller hardiment.

. . . .

Nous voilà donc enfin dans l'immense machine,
Qui devra nous conduire aux frontières de Chine,
Et tous nous attendons d'un air presque fatal
L'ordre qui du départ doit donner le signal.

Soudain ! l'heure a sonné au clocher de la ville.
La clochette du bord vite à son tour oscille,
Trois heures elle marque en trois coups prolongés,
Nos liens avec le sol déjà sont enlevés.
A l'arrière aussitôt l'onde écume et bouillonne,
Sous l'hélice tournant, l'eau s'agite et bourdonne ;
Le monstre semble alors un instant indécis,
Puis bientôt il se meut vers un point plus précis.
Le navire obéit à l'action qui le pousse,
L'eau qui saute à l'avant de côté tombe et mousse,
Et le port à nos yeux, n'est bientôt plus qu'un trait.
Qui bleuit un instant, puis bientôt disparaît.
C'est alors que le cœur du plus fort se resserre,
A mesure qu'il voit s'enfuir au loin la terre,
Le changement se fait en si peu de moments,
Que, malgré soi, l'on pense au pays, aux parents.
Mes yeux restent rivés malgré moi sur la France,
Où je laisse mon cœur et ma douce espérance,
Et dans ce cœur qui bat, le flambeau de la foi
Fait éclore ces mots qui me servent de loi :

> Adieu ! ô ma France chérie, (1)
> Je laisse en toi tout mon amour,
> Je pars pour toi, noble patrie,
> Pour toi je veux voir mon retour.

Il faut courir où maintenant m'appelle
Pour te servir cette loi du devoir.
Mais avant tout, ô ma France si belle,
Je mets en toi tout ce que j'ai d'espoir.
Comme un oiseau je quitte le bocage,

---

(1) Ces strophes ont été mises en musique par M. Clovis
GUILLAUME, et sont en vente chez l'éditeur M. E. DUPEYRAT,
à Savignac d'Allemans, près Riberac (Dordogne).

Au gré des flots pour un ciel étranger ;
Mais, quel que beau que soit le paysage,
Il ne vaudra jamais mon cher clocher.

Je laisse aussi, perdu dans un village,
Un cœur aimant que j'adore en retour,
Quand je serai dans ce pays sauvage,
Son souvenir soutiendra mon amour ;
Et quand pour moi, l'heure de délivrance
Sera venue, avec joie et bonheur
J'irai trouver cet enfant de la France,
Que mes deux bras presseront sur mon cœur.

Peut-être aussi que le chinois barbare,
Tiendra bientôt ma vie entre ses mains,
Et que mon sang formant comme une mare,
Assouvira ses instincts inhumains ;
Mon âme alors dans toute sa puissance,
S'envolera vivement vers les cieux,
Et l'on dira : « Il est mort pour la France »
En emportant nos suprêmes adieux.

. . . .

Mais je crois que ma plume, à mon insu, s'égare
Dans un flot dont il est grand temps que je me gare,
Il faut que je reprenne, à l'instant et sans bruit,
Le fil interrompu de mon faible récit.
Quand le port à nos yeux ne fut plus que chimères.
Nous vimes en passant les trois îles d'Hyères,
Dont la haute falaise et l'inculte terrain
Ne semblent habiter par aucun être humain.
Nous voguions doucement sur une onde tranquille.
Le navire en glissant semblait être immobile ;
Ce n'est qu'en regardant à côté du bateau,
Que pour nous semblait fuir l'écume ainsi que l'eau.

Sur le pont du vaisseau, notre troupe pressée,
Regardait au hasard sans fixer sa pensée,
Quand la cloche du bord de son timbre argentin,
Vint sonner le repas comme un joyeux festin.
Vite nous descendons l'escalier qui nous mène
Dans une grande salle, où nous trouvons sans peine
Notre place marquée, et d'alertes garçons,
Qui servent aussitôt les mets que nous mangeons.

. . . .

Quand après le repas, notre faim apaisée,
Nous reprîmes la place un instant délaissée,
L'aspect avait changé, et le jour incertain
Devenait moins brillant et touchait à sa fin.
La divine splendeur tout à l'heure si claire
Bientôt à son déclin diminua sa lumière ;
L'ombre qui commençait vint enfin à grandir,
En nous enveloppant pour nous mieux rafraîchir.
Le bel astre du jour a terminé sa route,
Et doucement descend de la céleste voûte,
Puis bientôt à son tour, s'enfonce à l'horizon
Dans l'eau qui garde encore son lumineux rayon.
Nous étions fascinés par ce tableau splendide,
Que tous nous regardions avec un œil avide,
Et comme ayant perdu toute sensation,
Nous restions là, rivés, en contemplation.

. . . .

La noire et fraîche nuit bientôt nous environne,
Au doux calme du soir chaque homme s'abandonne,
A peine si le flot que l'avant fait sauter
Forme une écume blanche aux reflets argentés,
Tout à coup le clairon, d'une note stridente,
Lance de la retraite une reprise lente,
Qui plus vite reprend, et puis s'évanouit,

Et tout reprend alors, le calme de la nuit.
Chacun voulant goûter un repos salutaire,
Le pont en un instant redevint solitaire,
Et l'officier de quart, avec deux matelots
Fut seul à surveiller l'obscurité des flots.

. . . .

Déjà depuis longtemps avait paru l'aurore,
Quand le pont nous revit nous rassembler encore ;
La côte de la Corse était tout près de nous,
Avec son beau soleil à la fois clair et doux.
Sur le flanc du côteau de ce charmant rivage,
De gracieux chalets composent le village
Qui, hardiment bâti du haut jusqu'à la mer,
Nous expose à la fois un aspect noble et fier.
Quand l'île fut bien loin parut une autre terre,
Un immense rocher, aussi nu qu'une pierre,
C'était Monte-Christo qui, seul audacieux,
Semblait de son sommet vouloir braver les cieux.
Du côté apposé, mais assez éloignée,
L'île d'Elbe d'un brouillard était environnée ;
Car l'espace assez grand qui nous en séparait,
Nous empêchait de voir, de juger son attrait.
Quand le soir arriva, la fraîcheur de la veille
Fut pour nous aussi douce et en tous points pareille ;
Le sommeil vint aussi, et dès le lendemain
La côte d'Italie étalait son dessein.
Bientôt, vers le milieu de la claire journée,
Une autre île parut couverte de fumée ;
C'était l'ancien volcan, le fameux Stromboli
Qui se trouve assez près des îles Lipari.
Du cratère béant qui s'offre à notre vue,
Sort un léger flocon qui monte vers la nue,
Puis s'amasse toujours et nous donne l'aspect

D'un nuage assez noir qui couvre son sommet
Sur le flanc du rocher dépouillé de verdure,
La lave a découlé, un jour, par l'ouverture ;
Et sa trace laissant sans cesser de brûler,
Est allée aussitôt dans l'onde se jeter.
Au-dessous du volcan une terre fertile,
Occupe un petit coin l'autre côté de l'île ;
Quelques rares maisons exposent au soleil
Leur façade blanchie et leur beau toit vermeil.
Puis le roc s'obscurcit, et du vaisseau docile,
On aperçut au loin la terre de Sicile ;
Et quatre heures plus tard, notre grand Comorin
Virait, obéissant à la voix du marin.
Nous tournions pour passer le détroit de Messine,
Que de chaque côté une ville domine ;
A gauche, Reggio, sur le sol Italien
Et, à droite, Messine en pays Sicilien.
Mais la nuit nous surprit au moment du passage,
Nous empêchant de voir la beauté du rivage ;
Et la clarté du gaz bordant chaque cité,
Satisfit seule en nous la curiosité.
Ne pouvant distinguer par cette nuit sans lune
Les objets éloignés confondus dans la brune,
Nous allâmes goûter les douceurs d'un repos
Qui devait un moment nous rendre plus dispos.
Mais nous avions compté sans l'onde qui s'agite,
Qui contre le vaisseau se trémousse et s'irrite,
Car le vent qui n'avait pas encore soufflé
Se leva tout à coup avec intensité.
C'était vers le milieu d'une nuit sans souffrance
Une lame, soudain ! sur le vaisseau s'avance,
L'enlève dans les airs du côté de l'avant,
Descend, puis à son tour l'arrière en fait autant

A mesure que l'eau nous remue avec rage,
Le cœur nous manque aussi sous l'effort du tangage ;
Il semble qu'on arrache en notre corps ouvert
Nos entrailles déjà vides de tout dessert.
L'eau s'élève si haut, qu'à chaque fois la lame
Entre par les raborts, nous innonde et nous pâme ;
Nous sommes obligés bientôt de tout fermer,
La chaleur à nos maux vient aussi s'ajouter.
Devant chacun des mets et des fruits qu'on récolte,
Rien qu'en les regardant, notre cœur se révolte ;
Ou bien si par hasard on vient à y toucher
Il faut rendre aussitôt ce qu'on vient de goûter.
Si, lassé de la chambre, à monter l'on s'engage,
Afin de s'accouder contre le bastingage,
Une lame aussitôt, vient pour nous rafraîchir
Sur le pont où debout nous ne pouvons tenir.

. . . .

Enfin deux jours après, sur l'onde qui s'apaise,
Le vaisseau soulagé vogue plus à son aise,
Et c'est avec plaisir que, le soir au grand air,
Nous prenons la fraîcheur sous un ciel assez clair.
Tandis qu'à pleins poumons, nous aspirons la vie,
Nous distinguons, au loin, la terre de Candie,
Et, à peine l'aurore parait le lendemain,
Que l'on parle déjà d'un arret très prochain.
Vers le milieu du jour l'eau devient jaune et sale,
Car le Nil est tout près formant comme un dédale,
Où, ses bras s'étendant dans un large rayon,
Charrient une eau bourbeuse et pleine de limon.
Des mâts à l'horizon, montrant leur silhouette,
Nous font juger sans voir, la ville de Damiette ;
Et, deux heures plus tard, Port-Saïd à nos yeux
Paraît tout inondé de reflets lumineux.

Sur le bord de la mer, et sur la même ligne,
Se voient quelques hôtels à l'aspect assez digne
Différant par leur nom de diverses nations
Dont le drapeau s'agite au sommet des balcons.
Enfin ! nous y voilà ! le navire s'arrête,
Et chacun à l'instant à descendre s'apprête,
Mais un ordre arrivant, nous oblige bientôt,
A rester sur le pont qui s'emplit aussitôt.
Nous jetons un regard sur l'étoffe écarlate.
Sur le bleu, sur le vert. sur le tout disparate
Qui couvre, sur le quai, la foule d'habitants.
Différents de pays, de mœurs, de vêtements.
A notre oreille arrive un son dur et barbare,
Un affreux charabia sur un ton si bizarre,
Que nègres ou bien juifs, arabes ou turcos,
Aucun de nous ne peut comprendre leur argot.
Dans de légers canots, une foule grouillante
Entoure le bateau, hardie et triomphante ;
Il semble à leur ardeur qu'ils veulent d'un seul saut.
Monter dans le navire et nous prendre d'assaut.
Dans les barques, des fruits de toutes les espèces
Attendent que nos dents les mettent tous en pièces.
Et par le geste autant qu'en leur montrent l'argent.
Nous débattons le prix avec un air content.
Mais avant de livrer, tous ces marchands rapaces,
Avec la soif de l'or qui convient à leurs races,
Veulent de la valeur, le double, et en amis,
De ces objets qu'après ils vendent à vil prix.
Mais bientôt à l'avant, notre regard se porte,
Où nagent deux négros à l'allure très forte :
Nous leur jetons un sou qui, en disparaissant
Vers le fond de la mer descend au même instant.
Mais le nègre l'a vu, et pendant qu'on s'explique,

Il attrape en plongeant la pièce métallique,
Revient, et la montrant de même qu'un trésor,
Dans sa bouche la met pendant qu'il nage encor.
Pendant qu'avec plaisir, vite l'heure se passe,
Un groupe d'autres noirs dans le navire entasse
Un nouveau chargement d'un lourd et noir charbon.
Dont la poussière vole et nous noircit le front...
Dans le port, et tout près des navires en rades.
Sautent par dessus l'eau, d'un bond et par saccades,
De poissons monstrueux, une troupe sans fin ;
Là nous reconnaissons notre fameux marsoin.
Mais bientôt à grand pas la nuit vers nous s'avance,
La lumière électrique établie à l'avance
Est prête à fonctionner pour un prochain départ
Qui ne saurait souffrir le plus faible retard.
Nous partons ; le pilote établi à son poste,
Veille pour empêcher que rien ne nous accoste,
Car bientôt nous voici dans le joli canal.
Qui conduit à Suez, où nous irons sans mal.
La lumière perçant dans cette nuit obscure,
Un immense rayon porte sa clarté pure...
Au loin, où notre chef découvrirait très bien
Le bateau qui pourrait nuire au salut du sien.

La nature est depuis quelque temps éveillée,
Quand nous apercevons sa face ensoleillée ;
Nous voguons doucement, car le canal étroit
Ne permet pas d'aller plus vite en cet endroit.
Or de quelque côté que se porte la vue,
Nul point vert n'apparait sur cette terre nue ;
Sur tous les points, du sable et un soleil ardent,
Voilà ce qui se voit dans ce désert brûlant.
Quelquefois sur le bord, une bande de nègres

Conduit, tout en chantant, quelques chameaux allègres
Qui chargés de paniers portent à quelque pas,
Le sable que le vent fait couler jusqu'en bas.
Ou bien quand les talus, dont la bordure est pleine,
Etant moins élevé, laissent mieux voir la plaine,
Le sable soulevé par le vent du désert
Paraît une colonne, et voyage dans l'air.
Pendant que nos regards contemplent ces merveilles
Et tandis qu'aucun bruit ne frappe nos oreilles,
Nous arrivons enfin vers le bout du canal,
Et nous voyons Suez et son bel arsenal.
Nous voici maintenant dans cette mer fameuse,
Dont le bord fut témoin de cette vie heureuse,
Que coulèrent jadis les tribus des Hébreux
Lorsque les Egyptiens furent vaincus par eux.
Mais puisque je ne l'ai pas encore nommée :
« La Mer Rouge » est le nom dont on l'a honorée,
Et ne diffère en rien, pour quant à la couleur,
Des autres océans vis-à-vis de la leur.
Nous mîmes six grands jours pour faire le voyage.
De Suez à Obock où se trouve un passage,
Le vent fut presque nul mais pour notre malheur,
Nous eûmes à souffrir de l'extrême chaleur.
C'est là que j'aperçus en troupe foisonnante.
De ces poissons volants, la merveille étonnante,
Qui par troupes sortant de l'onde d'un seul saut.
Volent quelques instants, puis tombent aussitôt.
A Obock un arrêt seulement de cinq heures,
Nous permit de juger de loin chaque demeure ;
Paillotes pour les noirs, maison du résident
Et un pénitentier, voilà tout l'ornement.
Reprenant aussitôt la route abandonnée,
Dans le golfe d'Aden où nous l'avions laissée,

Nous allâmes bon train, et dès le lendemain
Nous nous trouvions en plein dans l'océan Indien.
Pendant deux jours encore, nous eûmes du tangage,
Mais le corps s'habitue enfin au ballotage,
Et, malgré le malaise et un faible retard,
Colombo devant nous était neuf jours plus tard.
Cette ville possède une rade jolie,
Qu'une digue protège et qu'un phare relie
Avec tous les vaisseaux dans le port assemblés :
Voilà ce qui parut à mes sens énervés.
J'aurais voulu sortir pour être plus tranquille,
De cet air monotone et visiter la ville,
Mais nous dûmes encore assez nous contenter
De regarder le sol sans pouvoir y entrer.
De nouveau des marchands la troupe se propage,
Tout autour du vaisseau comme pour l'abordage.
Mais au lieu des nègres que j'avais toujours vus,
Ceux-ci sont des Indiens aux cheveux longs et drus.
Mais ce qui me surprend, c'est cette troupe qui vogue
Sur un léger esquif qu'on appelle pirogue ;
C'est un arbre creusé et facile à ouvrir,
Qui seul, sans balancier, sur l'eau ne peut tenir.
Enfin la cargaison de noir charbon s'achève,
Sous la force des treuils la lourde ancre s'enlève :
Et nous voilà partis, de nouveau incertains,
A travers les écueils des parages indiens.

. . . .

Jusque là nous n'avions nulle douleur intime,
La mer n'avait encore fait aucune victime ;
Mais bientôt sans que nous puissions y remédier,
Nous eûmes d'un ami la mort à déplorer.
L'océan cependant était calme et tranquille,
Et le vaisseau filait, à son maître docile ;

Soudain nous entendons pousser un cri amer :
« Stoppez ! dit l'officier, un homme est à la mer ! »
Le commandant accourt et sa voie enrouée
Hurle au soldat de quart : « Allons ! la bouée ! »
Presqu'au même moment, le bateau s'arrêtant,
Deux canots sont largués et partent en cherchant.
A ce cri aussitôt lancé de porte en porte,
La foule au même instant sur le pont se transporte,
Et fouillant du regard, l'eau et l'immensité,
Attend la fin du drame avec anxiété.
Mais malgré les appels qu'aucun ne lui ménage,
Aucun signe ne vient nous prouver qu'il surnage ;
Et malgré les efforts qu'on fait pour le sauver,
Nul n'a le doux bonheur de pouvoir le trouver.
Les terribles requins dont cet endroit abonde,
L'ont sans doute emporté au plus profond de l'onde :
Et son corps dévoré, sans laisser un morceau,
Trouve, quoiqu'on en dise, un bien triste tombeau.
Enfin considérant tout travail inutile,
Les canots sont rentrés, tout redevient tranquille ;
Nous partons aussitôt, et lorsque vient le soir,
L'on plonge dans l'oubli cet homme du devoir.

. . . .

Bientôt on aperçut une terre choisie,
Couverte de verdure et tout à fait jolie,
Qui, petit à petit, à nos yeux grandissait,
Tandis que le vaisseau vite s'en approchait.
Singapour apparut, radieux, magnifique,
Tout au fond de sa rade immense et pacifique ;
Et quelque temps après contre l'appontement
Le vaisseau s'arrêtait pour un jour seulement.

. . . .

Enfin je pus avoir une ferme espérance,

Un moment de plaisir et de rejouissance :
Car un ordre arriva de laisser débarquer
Quatre heures seulement tous les sous-officiers.
Mais un mauvais génie à notre insu conspire,
Un gros nuage noir dans les airs se déchire,
Et l'eau qui très longtemps ne cesse de tomber,
Fait partir les marchands qui venaient d'arriver.
Ce n'étaient plus déjà des indiens en pirogue,
Ni les arabes fiers à la figure rogue,
C'était déjà leflot grouillant et paresseux
De chinois tout rasés, d'annamites crasseux.
Tandis que de rester vraiment l'on se désole,
L'eau qui tombe toujours a rempli la rigole ;
Enfin vers le midi paraît du haut du ciel,
A travers le nuage, un rayon de soleil.
Vite nous occupons l'étroite passerelle,
Et en moins d'un instant sur la terre nouvelle,
Nos membres endormis, semblent se réveiller.
Sous la vigueur du sang que l'on sent fourmiller.
Tout d'abord nous voyons trois sortes de voitures,
Pour nous conduire en ville à différente allure ;
Un tramway avec rails et mu par la vapeur
Se tient au premier rang aux yeux du visiteur.
Puis vient en second lieu la voiture couverte,
Quatre hommes elle tient, et sa couleur est verte,
Et le petit poney qui en est le coursier,
Vole plus qu'il ne court sous le fouet du cocher.
Puis la voiture à bras que tire un indigène,
Forme un troisième engin qui moins vite nous mène :
Et l'on ne peut que deux se tenir sans bouger
Dans ce doux véhicule au mouvement léger.
Nous laissons de côté les deux moyens extrêmes,
Et le petit cheval que nous menons nous-mêmes

Nous conduit lentement et surtout sans broncher,
Dans la ville que nous désirons visiter.
Sitôt que des coussins le cocher nous décharge,
Nous voilà parcourant une rue assez large,
Où de chaque côté, la ligne des maisons
Montre une couleur bleue et les mêmes façons.
Nous remarquons d'abord une sorte d'auberge,
Où l'on boit et l'on mange, en un mot l'on héberge,
Dans une salle basse à l'état repoussant,
Où l'on mange du riz invariablement.
Juchés et accroupis sur un banc et sans gène,
Ils prennent goulûment leur repas indigène ;
Se servant pour saisir de deux petits bâtons,
Qui, au lieu de cuiller pincent leurs rogatons.
On voit quelques tailleurs répandus dans la ville,
Et quelques magasins où l'on coud où l'on file ;
Presque tous les métiers ont là leurs artisans,
Mais tout est d'un aspect des moins satisfaisants.
Après avoir marché pendant presque deux heures,
Nous découvrons enfin quelques belles demeures,
Qui, faites richement, en style européen
Peuvent presque égaler un château parisien.
Enfin l'aiguille tourne et le moment se passe,
De toujours regarder vite chacun se lasse ;
Nous rejoignîmes donc à l'instant le vaisseau,
Et le soir nous étions entre le ciel et l'eau.
Nous allâmes deux jours sans aucune secousse,
Sous l'action seulement de l'hélice qui pousse ;
Quand nous vîmes un point flottant à l'horizon,
Qui semblait un canot voguant à l'abandon ;
Alors, le commandant, dans la crainte d'un doute,
Ordonna de quitter pour un instant la route,
Nous virâmes de bord, accourant l'œil tendu,

Vers ce que l'on croyait être un objet perdu :
Et nous vîmes alors, détail vraiment comique,
De gros et noirs corbeaux, qui saisis de panique,
Quittèrent aussitôt un gros rameau flottant
Que tous nous avions pris pour un bateau errant.
Nous reprîmes la route et surtout non sans rire,
De s'être dérangés pour de si tristes sires,
Et quand l'aurore enfin, parut à l'horizon
Nous étions dans le fleuve allant à Saïgon.
Sur chacun des côtés de la grande rivière,
Nous distinguons partout une immense rizière,
Où pousse dans la boue, et dans l'eau qui croupit,
Le riz traditionnel qui tous les gens nourrit
Enfin nous arrêtons en face de la ville,
Débarquant aussitôt nous descendons en files,
Et d'un pas tout gaillard et clairons en avant,
Nous gagnons la caserne avec un air content.
Là, nous sommes reçus tout auprès des portières,
Par des soldats heureux de rencontrer des frères,
Qui, nous entourant tous, nous pressent de questions
Auxquelles tout joyeux vite nous répondons.
Quand arrive le soir nous visitons la ville,
Admirable de goût, de richesse civile,
Et possédant en plus de nombreux monuments
Que contemplent toujours la foule des passants.
Des arbres drus et gros au verdoyant feuillage,
Forment dans chaque rue un doux et frais ombrage;
Et l'on aime le soir, sous un ciel étoilé,
Aspirer la fraîcheur de cet air embaumé.
Au loin, nous entendons une douce harmonie,
Près de la cathédrale, où l'on voit établie,
La fanfare de choix d'un de nos régiments
Qui fait vibrer dans l'air ses plus tendres accents.

Sous la douce clarté et la sombre verdure,
Tout le monde s'agite, errant à l'aventure ;
Les voitures qui vont et viennent dans Paris
Ne se croisent pas plus que dans ce Paradis.
Tout est illuminé, depuis l'humble baraque,
Jusqu'aux grands magasins à la peinture opaque,
Et où tout resplendit comme du diamant,
Sous l'éclat d'un grand lustre à l'aspect séduisant.
Mais autant vers le soir tout s'anime et s'agite,
Autant vers le midi de sortir on évite,
Car la douce fraîcheur sous un soleil ardent,
Disparaît et fait place à son rayon brûlant.
Tout est silencieux, c'est l'heure de la sieste,
Les magasins fermés, en un mot tout l'atteste,
Et c'est pour l'indiquer qu'un fort coup de canon
Chaque soir retentit tout auprès du ponton.
Ainsi passent les jours dans ce charmant bocage,
Mais ce n'est pas pour nous, car un pays sauvage
Nous attend bien plus loin, c'est pourquoi de nouveau
Nous voilà rembarqués pour un pays moins beau.
Mais là le mauvais temps de nouveau nous assiège,
Nous sautons sur les flots dont rien ne nous protège.
Cela dure deux jours, puis nous sommes surpris
De ne voir au réveil nul tangage ou roulis.
C'est que nous arrêtons dans une onde tranquille,
Nous allons donc enfin descendre dans la ville,
Où nous devrons couler de grands et nombreux jours
Où nous devrons *rester* peut-être pour toujours.

. . . .

Nous voilà dans la rade immense et solitaire,
Nous respirons enfin la brise salutaire.
Déjà le grand *sampan* (1) dans lequel nous montons,

____

(1) Grande barque annamite.

Nous emporte étonné de ce que nous voyons.

. . . .

Nous sommes débarqués ; de Tourane, la ville,
N'offre à nos yeux blasés qu'une apparence vile,
Car tout y est encore à l'état de projets,
Si ce n'est çà et là quelques rares châlets.
D'un côté c'est la mer dérobée à la vue
Par des monts élevés se perdant dans la nue ;
Puis de l'autre côté, le fleuve dont le lit
Abreuve la rizière où toujours l'eau s'enfuit.
Dans les dunes du sable une caserne en pierre
Forme cinq bâtiments à la forme sévère,
Puis quelques commerçants établis à l'entour,
Voilà tous les Français ici jusqu'à ce jour.

. . . .

Maintenant, c'est ici que mon récit s'achève,
Je n'ai plus qu'à veiller et sans aucune trêve ;
La *France* nous choisit pour défendre ses droits
Et, son commerce aidant, faire accepter ses lois.
Quelque rude pour nous que soit vraiment la tâche,
Nous ne faillirons à notre honneur sans tache :
Chacun sera content un jour de *La* revoir
En disant le front haut : *J'ai fait tout mon devoir.*

Tourane, 1er Novembre 1890 (Annam).

ABEL BRION,
Sous-officier d'infanterie de marine.

ERRATUM.

Page 15, 4mo vers, *au lieu de* : Allons ! la bouée ! *lire* :
Coupez donc la bouée !

IMPRIMERIE E. CAFFÉ
TROYES